忙しい保育者のための

仕事術・時間術38の鉄則

こんぺいとぷらねっと 編著

黎明書房

はじめに

小さな習慣から斬新な発想まで、保育者のための仕事効率化術を集めました。

遊びの準備や製作物、保育室の片づけ、数々の計画や書類の作成など、保育者には保育を円滑におこなうための付随業務が非常に多くあります。また、保育現場では保育者同士の連携が必須なため、人間関係づくりも重要です。業務量の多さや人間関係に悩み、転職したいと思う保育者が、特に経験の浅いうちは多いといわれます。

本書は、そうした保育者の方々が少しでも負担やストレスを感じずに業務をおこなえる〝術〟を集めました。先輩保育者が実経験を通して「これで楽になった!」というノウハウばかりです。どの先輩方にも仕事が辛かった時期があり、「あのときこうすればよかった」と振り返った今だからこそ得たものもあります。

本書に詰まった〝術〟は、これから保育界で活躍されるみなさんへのエールでもあります。毎日の業務のお役に立つことを願います。ぜひご活用ください!

忙しい保育者のための
仕事術・時間術 38の鉄則

目次

1章

日常業務を苦にしない 鉄則21

2章
短い時間で保育の質を高める鉄則 7

3章
身近な保育者を味方にする鉄則 10

3章

身近な保育者を味方にする鉄則10

付録

お役立ち！

コピーして使用できるフォーマット

1章

日常業務を苦にしない鉄則21

鉄則 1

月の業務がひと目で見通せる手帳を用意する

◆前月末に翌月のやるべき業務と締切日を手帳に記入しましょう。ひと目で把握することで業務が効率的に進められます。
◆それぞれの業務に必要な時間を推測し、締切りから逆算して、着手日を決めます。

保育者には毎月作成する書類に加え、日々の保育活動や、行事の準備など、やらなければならないことが多くあります。

やるべきことを忘れたり、締切り前に慌てないために、前月末に、翌月のやるべき業務とその締切りを手帳に書き込みましょう。次に、それぞれの業務にかかる時間を検討し、着手する時期を考えます。

やるべきことが一目で見えると、業務の重なりなど頭で考えているだけでは把握できなかったことが見えてきます。そのうえで、「何を・いつまでに」という〝ＴｏＤｏ〟を整理すると、見通しをもって進めることができます。

● ToDo リスト
スケジュールを見て，
「何を・いつまでに」
をメモ

● 1日マスを上・下に分け，
カテゴリーごとに記入する。
例）上：行事関連
　　下：保育活動に関することや，
　　　　毎月の決まった業務

スケジュールの書き方例

2017 年 7 月

- ☐ 夏祭り飾り 12日まで
- ☐ お誕生日メッセージ19日まで
- ☐ クラスだより21日→チェックしてもらう
- ☐ クッキングレシピ相談7/5 →アイデア3つ考える
- ☐
- ☐
- ☐
- ☐
- ☐
- ☐
- ☐
- ☐
- ☐
- ☐
- ☐
- ☐

月	火	水	木	金		日
3 プール開き 夏祭り参加者確認	4	5 ゆうちゃん誕生日	6	7 歯科検診	8	9
10	11 夏祭りバザー〆	12 読み聞かせ会	13	14 ★クッキングエプロン確認 →用意ないときは 保護者に伝える	15 夏祭り	16
17 海の日休み	18 プール	19 避難訓練 クッキング	20 プール シフト希望提出〆	21 お誕生日会	22 土曜勤務	23
24	25 プール	26 休み クラスだより原稿〆	27 プール	28 夏祭りアンケート回収 すいか割り	29	30
31		MEMO				

※お役立ちフォーマットあり（p88）

仕事専用に
1冊持つことが
おすすめ

プラス plus one ワン

スケジュールや ToDo リストは1冊の手帳に集約して書き込むことがおすすめ。手帳以外に，スマートフォンにもタスク表を作ると，抜けや漏れが発生する原因に。手帳は園内でも堂々と持ち歩けるので，何かあればすぐに書き込めることもメリットです。

鉄則

2 業務のゴールをイメージする

◆目標とすべきゴールをまずは具体的にイメージしましょう。

◆ゴールまでに必要な手順や時間数を、明確にします。

業務にとりかかる際には、まずゴールを具体的に把握しましょう。

書類作成なら、作成する項目、盛り込む内容、表現の仕方など。行事の検討なら、大まかな流れやかかる時間を明確にします。

園で過去におこなったものを参考にしたり、先輩に聞いたり、もしくは書籍やインターネットで探したりして、ゴールを頭のなかでイメージします。

ゴールを基準にして考えることで、具体的な手順やかかる時間数を導くことができます。道筋が見えれば、落ち着いて業務にとりかかれます。

早い段階で
ゴールが
イメージできれば,
やり直しや修正が
少なくなる

鉄則 3

前夜に3分、翌日の仕事確認タイムをもつ

◆前日の夜に、翌日の保育活動や、やるべき業務を思い浮かべる時間をもちましょう。
◆保育活動なら活動テーマと準備するものを、やるべき業務なら内容とおおまかな手順を整理しましょう。

改めて時間をつくる必要はありません。夕食後や寝る前などのすきま時間で、明日の活動ややるべき業務の内容を思い浮かべ、準備することや手順を頭のなかで整理しましょう。

当日の朝ではなく、前夜に、というのがポイントです。

前夜に確認しておくと、翌日の朝起きてから園に着くまでの行動が変わります。業務が立て込んでいるからいつもより10分早く出勤しよう、明日は雨の予報だから室内遊びをするために○○を持っていこう、と慌てずに段取りができます。前夜にたった3分時間をつくるだけで、翌日の行動がスムーズになります。

step 1 明日の天気を確認，子どもたちの様子を振り返り，明日の活動テーマを考える

step 2 準備することを考える

step 3 翌朝の行動が変わる

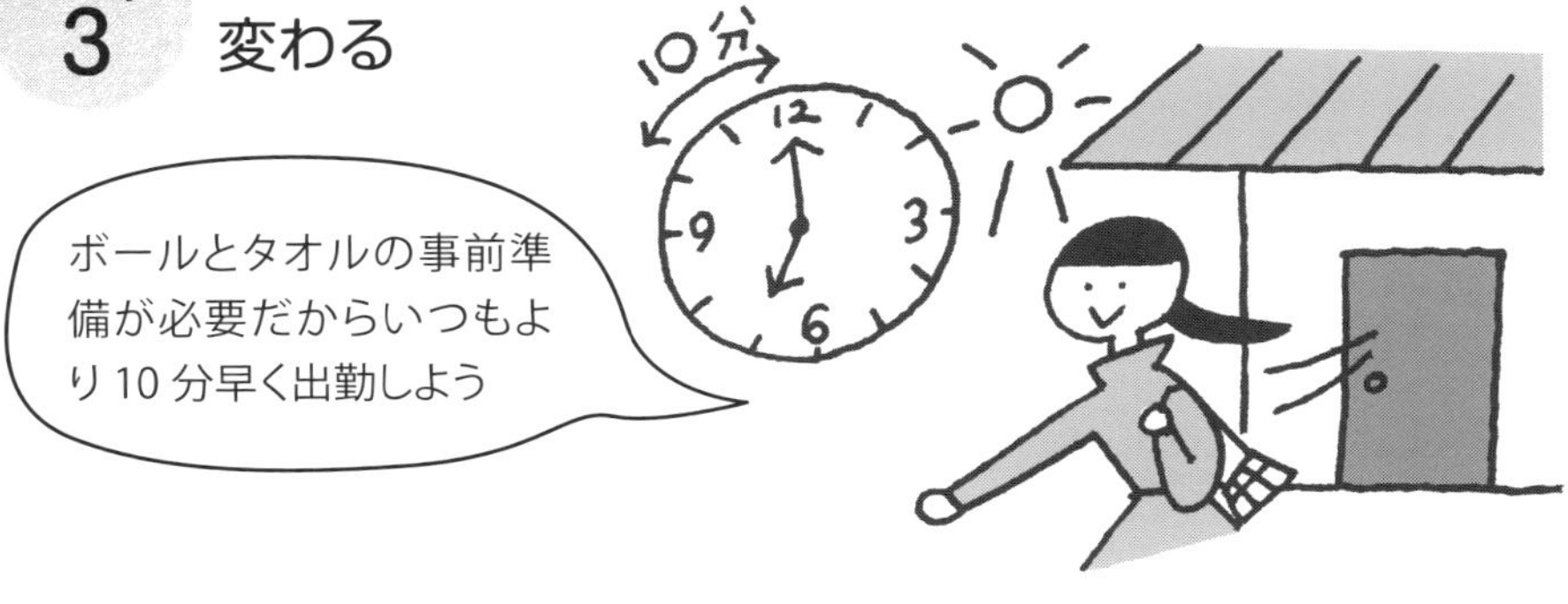

鉄則

4

3分の1できた時点で一度まわりに相談する

◆書類作成などの期日を守るには、できないところで立ち止まらず、あとで確認するようにメモをして先に進めます。

◆3分の1ほど進んだところで依頼者に見てもらい、方向性が合っているか確認しましょう。

仕事を頼まれたときに大切なことは、「期日を守る」「依頼者の意図をくみとった成果物の提出」です。期日は守れても、依頼者の意図と違うものであれば、期日を守ったとはいえません。

依頼された仕事は、まずやってみること。わからないところはあとで確認するようにし、空白だらけでも構いません。

全体の3分の1までできたら、依頼者に見てもらい、意図に沿っているかを確認しましょう。この段階で意思疎通を図れば、もし間違えていたとしても、修正をし、期日までに相手が納得する成果物を提出することができます。

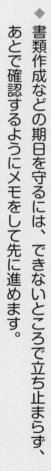

大ざっぱでも，
テーマや目的，
伝えたいことを
箇条書きで
示す

依頼者と
「方向性」
「まとめかた」の
意思疎通を図る

plus《プラス》 one《ワン》

期日までに間に合わないときは，早めに依頼者に伝えましょう。なぜできないか理由を添えることが大切です。「困っている」と自ら発信することが，解決につながる一歩です。

鉄則 5

満点にこだわらない

◆その日の保育でうまくできないことがあっても、「子どもたちがけがなく過ごせたからOK」くらいの気持ちをもちましょう。
◆まわりの保育者と比べ過ぎないようにしましょう。

保育は正解や決まったやり方がひとつではないため、経験をしないとわからないことが多くあります。

誰でもはじめから満点がとれるわけではないのです。ベテランの保育者であっても、自身の保育を反省することは多々あります。できなかったことは経験がなかったからと割り切り、焦ったり、自らを責めたりしないことです。できなかったと認識し、次の保育に活かせる知恵を得たと思いましょう。

理想のようにできないことや、まわりと比較し、焦ったり、責めたりすることは、ストレスを抱え込み、体に悪影響を及ぼします。

焦らない

経験がないからできなくてあたり前。ひとつ学べたと思いましょう。

満点を目指さない

「ここはできた」と昨日の自分と比べ，ひとつでもできたことがあれば，自分をほめましょう。

鉄則 6

話すことで頭を整理する

◆業務を前に進められないときは、話したり書いたりして、悩みを表出しましょう。
◆業務を止めないことが大切です。あれっと思った時点で気軽に話しましょう。

「どうしたらいいんだろう……」と悩んだときは、同じクラス担任や同僚などまわりの誰かにその思いを話してみましょう。よいアドバイスがもらえる以前に、自分が何に悩んでいるのか頭のなかが整理されます。相手に考えを伝えようとして話すうちに、ひとかたまりに混乱していたことが、ひとつひとつほぐされていくのです。まわりに話せる人がいない場合や話しにくいときは、悩んでいることを紙に書き出してみましょう。文章でなく、キーワードを書くだけでもよいのです。人に話すことと同じ効果が得られます。

悩んでいる内容が整理されれば、次の一歩が見えてくるでしょう。

話したり，
書いたりすると，
悩んでいたことが
整理される

整理されると，
次の一歩が見える

鉄則 7

自分への問いかけは前向きに

◆何か問題に行き当たったときは、「どうしたらできるか?」と未来を向いた問いかけをしましょう。

何か問題に行き当たったとき、「なんでこうなるのだろう?」「どうしてできないんだろう?」と原因を探る質問をしていませんか。問題を解決するために原因を考えることは大事ですが、できていないことを追求してもマイナスの感情しか生まれません。

原因を自分に問うのではなく、「どうしたいか?」「どうなりたいか?」という未来に向けた質問に変えましょう。ものの見方が変わり、考え方や行動も変わります。

原因を探る質問

「なんでこんなことをするんだろう?」
↓
「何が嫌なんだろう」
↓
「朝の集まり嫌だと思っても
決まりだし…」

未来に向けた質問

「この子はどうしてこのような行動をとるのかな?」

↓

「私はこの子にどうしてあげたいのかな?」

「この子が求めているものはなんだろう」

「それを叶えるために必要なものはなんだろう」

plus《プラス》 one《ワン》

最初の質問が原因を探る質問になったとしても，次の質問で「どうしたらいいかな？」と未来に向けた質問になればよいのです。

鉄則 8

「何のため思考」をもつ

◆「その活動は子どもにとって何のためにあるのか」と自分に問いかけ、目的を思い返しましょう。
◆なぜその活動をするのかがはっきりすると、やるべき援助が見えます。

保育には目的があり、それを実現させるために援助をおこないます。例えば、集まりで子どもたちを静かにさせるために毎回手遊びをする習慣があると、手遊びのレパートリーを増やすことばかりを考え、負担になってきます。

しかし、集まりの目的は、子どもたちが顔をあわせて集まるのを楽しむことです。この目的を意識すれば、手遊びにこだわらず、話しかけたり、プチ手品をするなど、集まりを楽しく始める工夫を考えることができるでしょう。

「○○しないといけない」と思っていることは絶対ではない場合が多いものです。子どもに何を経験させたいかをふまえ、さまざまな援助を考えましょう。

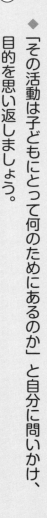

step 1 「何のため？」「何が大事？」と問いかける

step 2 目的を思い返す

step 3 やるべき援助が見える

鉄則

9 記録は「マイメモ」を作って活用する

◆名簿の横にその日のできごとを記入する欄を設けたものをコピーして「マイメモ」を作りましょう。

◆「マイメモ」は興味を示していた遊び、誰と遊んでいたかなど、気づいたことを書き留めるのに活用します。

子ども一人ひとりの様子で気づいたことを書き留める「マイメモ」を用意します。保育中もポケットにしのばせて、気づいたときにすぐ書き込むようにします。

このメモを1週間ほど経って見返すと、子どもの好きなものや、興味・関心の対象、できること・できないことがわかり、今の状態が読み取れるようになります。そうすると、自分のするべき援助が明確になるでしょう。

連絡帳や日々の記録、要録を書く際にも役立ちます。

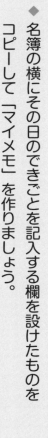

※お役立ちフォーマットあり（p90）

子どもの発達を読み取る視点

子どもが目を輝かせて取り組んでいることを見る

興味・関心の対象，できることなどが見えてきます。

子どもが話していることを聴く

子どもが自分の気持ちを伝えられているか，まわりの人の気持ちが理解できているかがわかります。

子どもができないことを知る

何がどこまでできているか，どこができないかを見極めます。

plus《プラス》 one《ワン》

毎日必ず全員のことをメモできるとは限りません。メモをすることが少ないと感じる子がいたら，意識的にその子とかかわるようにしましょう。

鉄則 10

記録は、子どもの楽しむ姿に焦点を当てる

◆「楽しんでいること」「新たに発見したこと」「育った姿」を意識して書きましょう。
◆困った様子や、できなかった反省ばかりに着目しません。

ねらいどおりの活動ができていたかに焦点を当てて記録を書こうとすると、ねらいから外れた行動をとる子をマイナスの視点で見たり、自分の援助の良し悪しばかりに着目してしまいます。これでは記録を書くことが苦痛になります。

記録には子どもの姿を肯定的にとらえて書きましょう。目を輝かせて取り組んでいたこと、新たにできるようになったことなどを見るようにします。

子どもの楽しむ姿を読み取っていれば、「次は○○の経験をし、楽しみをもっと味わってもらいたい」など、次の援助が自然に思い浮かんできます。

次の援助が思い浮かぶ

鉄則 11

活動内容は「タイトル」をつけて書く

◆タイトルをつけて子どもたちの遊ぶ姿を伝えようと意識すると、より具体的に子どもの姿を見ることができます。
◆内容に子どもの発した言葉を取り入れると、読み手のイメージがふくらみます。

活動内容を保護者に伝える掲示板やおたよりはスペースに限りがあるため、子どもの遊ぶ様子や友だちとのかかわり、成長した姿に焦点を絞り、具体的な姿を書きます。

遊ぶ姿にタイトルをつけると、目を引き、内容に誘いこむことができます。タイトルは内容をまとめて表現しているので、忙しい保護者もぱっと様子を把握できます。

ただし、漠然と見ていたのでは遊びにタイトルをつけることはできません。より具体的に見ようと心がけることは「子どもを見る目」も養います。

掲示板コーナー

クラスの活動報告記入例

6月9日（金）○○クラス

そらまめくんが電車になる?!　～ 食育活動 ～

今日はそら豆のさやむき。活動前に『そらまめくんのベッド』※を読んだので，実際に中がふわふわしているのを見て喜んでいました。むいたさやを並べ,「電車５両！」「まめ駅に行きまーす」と楽しむ男の子たち。さやを数えたり，長さを比べたり，さやむきにとどまらず楽しんでいました。

※なかや　みわ作・絵，福音館書店。

plus《プラス》 one《ワン》　子どもの発した言葉を入れると，様子がより鮮明に伝わります。

鉄則 12

連絡帳では「本日の見どころ」を伝える

◆保護者には、活動中の子どもの具体的な仕草や発した言葉を伝えます。

連絡帳は園での子どもの様子を伝える大切なツールですが、何を書いたらよいか悩むことも多いでしょう。保護者が知りたいのは、今日の活動内容ではなく、活動を通しての子どもの姿です。

連絡帳では本日の見どころを伝えるよう、心がけるとよいでしょう。集中して取り組んでいたこと、もう少しでできそうなこと、かわいい仕草やせりふなども書くようにします。

連絡帳を読むのは、仕事から疲れて帰ってきたときという保護者も多いはずです。お母さんの頬《ほお》が思わずゆるむようなエピソードを書きたいですね。

連絡帳記入例

・今日は○○公園に行きました。最近は△△くんと手をつなぎ，先頭で歩くことが大好きな□□くん。今日も「ぼくと△△くんは先頭！」と言って，力強い足取りで歩いていました。

・今日は食育活動でとうもろこしの皮むきをしました。エプロンをうまくつけられない友だちや皮むきに時間がかかっていた友だちを手伝ってあげていました。

・今日は室内で平均台やマットを使い運動をしました。はじめは平均台の上を歩くのを怖がり，保育者の手を強く握っていましたが，渡り切れたら自信がついたようで，次はひとりでタタタッと歩いていました。

鉄則 13

教材は子どもと一緒に準備する

◆準備も保育活動の一環とし、子どもに経験させたいことを考えましょう。
◆コーナー活動のひとつに組み込むとよいでしょう。

教材は保育者が保育時間外に準備するものという考えはやめ、子どもたちの活動のなかで一緒におこなうものととらえましょう。

準備の段階で遊びとして提供できることがないか検討します。その中で、子どもに経験させたいことを検討し、遊びとして提供します。保育者が手本を見せながら、誘います。製作が好きな子や先生の手伝いをすることが好きな子が参加してくれるでしょう。

子どもは手伝ったという誇らしさを感じ、その教材を使う活動を楽しみにします。

かるた遊びの準備なら……

step 1 遊びとして提供できることがないかを検討する

白ダンボールを切る，裏面に色を塗る。

step 2 子どもの興味・関心を引き寄せる言葉かけをする

例）

「明日，みんなでかるた遊びをしようと思うの。その準備を午後にするので，お手伝いしてくれる人がいたらお願いします!」

step 3 コーナー活動として一緒に取り組む

鉄則14

製作途中の作品も飾る

◆壁面は、子どもの作品で装飾します。
◆保育者は作品を見栄えよく飾りつける「装飾者」になりましょう。

保育者が製作したかわいらしい装飾に子どもははじめのうちは喜びますが、飾りに変化がなければ見向きもしなくなります。変化のない壁面は、子どもになんの影響も与えず無意味です。

壁面は、保育環境として活用します。例えば、子どもの製作作品で装飾してみましょう。完成品だけでなく、作りかけの作品も展示するようにします。でき上がりを楽しみにする気持ちを育てたり、ほかの子の作品を見て刺激を受けることもあります。壁面を変化させることを意識しましょう。

例

【子どもの作品を使う】

・台紙の色を季節に応じて変化させる
・製作テーマにあわせた台紙を作る

【木の台紙の活用例】

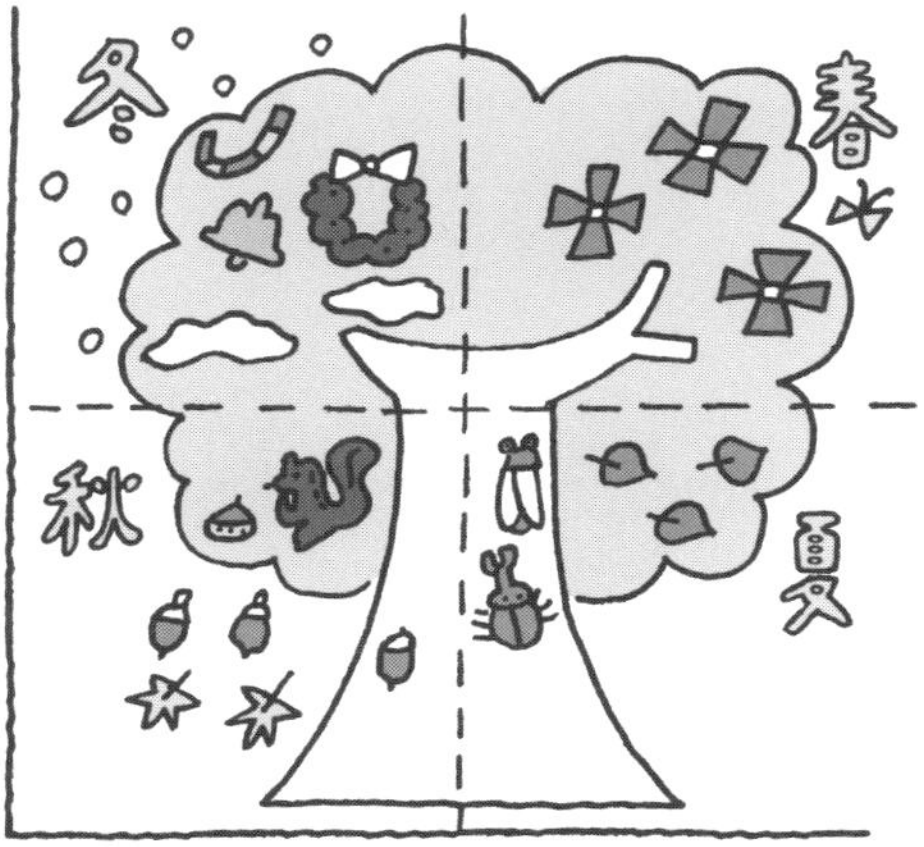

春　花が咲く→折り紙で花を折る，花の絵，押し花
夏　虫がいる→虫の絵
秋　実がなる→どんぐりを使って製作
冬　クリスマスツリー→わたをつけて，飾りをつける

木のほかに，空や気球，虹などは，季節に応じた装飾ができる台紙になります。

plus《プラス》 one《ワン》　保護者に作品を見てもらったり，子どもの園での様子を知ってもらう機会になります。

鉄則 15

行事のアイディアは3か月前から考える

◆3か月先の行事予定を確認し、アイディアを探し始めましょう。
◆思いついたアイディアはノートにどんどん書き込みます。

園の年間行事は年度当初には決定しています。例えば、運動会の練習に2か月かかるとすれば、2か月前には競技内容を決定しなければなりません。直前に慌てないように、余裕をもって3か月前から考えましょう。

月初めに3か月後の予定を確認し、「○月に運動会がある」とインプットします。運動会を意識するようになると、「これは運動会で使えそうだ」とものの見方が違ってくるでしょう。

アイディアは、ノートやスマートフォンのメモ機能に書き留めます。メモが増えると、アイディアがまとまり、テーマに沿った形ができてきます。

10 月に
運動会がある
3か月前に
予定を確認
情報の
とらえ方が
変わる
これは運動会で
使えそう！
メモをする

鉄則16

衣装や小道具作りは子どもの手を借りる

◆生活発表会などの衣装や小道具作りは、子どもたちの製作活動の一環にしましょう。
◆行事当日までの道のりを子どもと一緒に楽しく取り組めるよう、段取りをします。

行事の目的は、子どもたちの成長を伝えることです。生活発表会であれば、ふだんの遊びの様子を保護者に見せることが目的であって、きれいな衣装を着た子どもたちが上手に演じるところを見せるものではありません。

衣装や小道具も見栄えのよいものを保育者が作る必要はありません。子どもたちが作ったもので演じることに意義があるのです。ですから、子どもが取り組むものととらえ、製作活動に組み込みます。保育者は、子どもが作れる衣装を考え、材料を用意するだけでよいのです。

step 1　子どもが作れる衣装を検討する

＜アイディア＞
5歳児なら，縫い物に挑戦！
3～4歳児なら，袋状にした不織布の首と腕を通す部分をハサミで切って衣装作り

step 2　材料を用意する

step 3　製作活動でおこなう

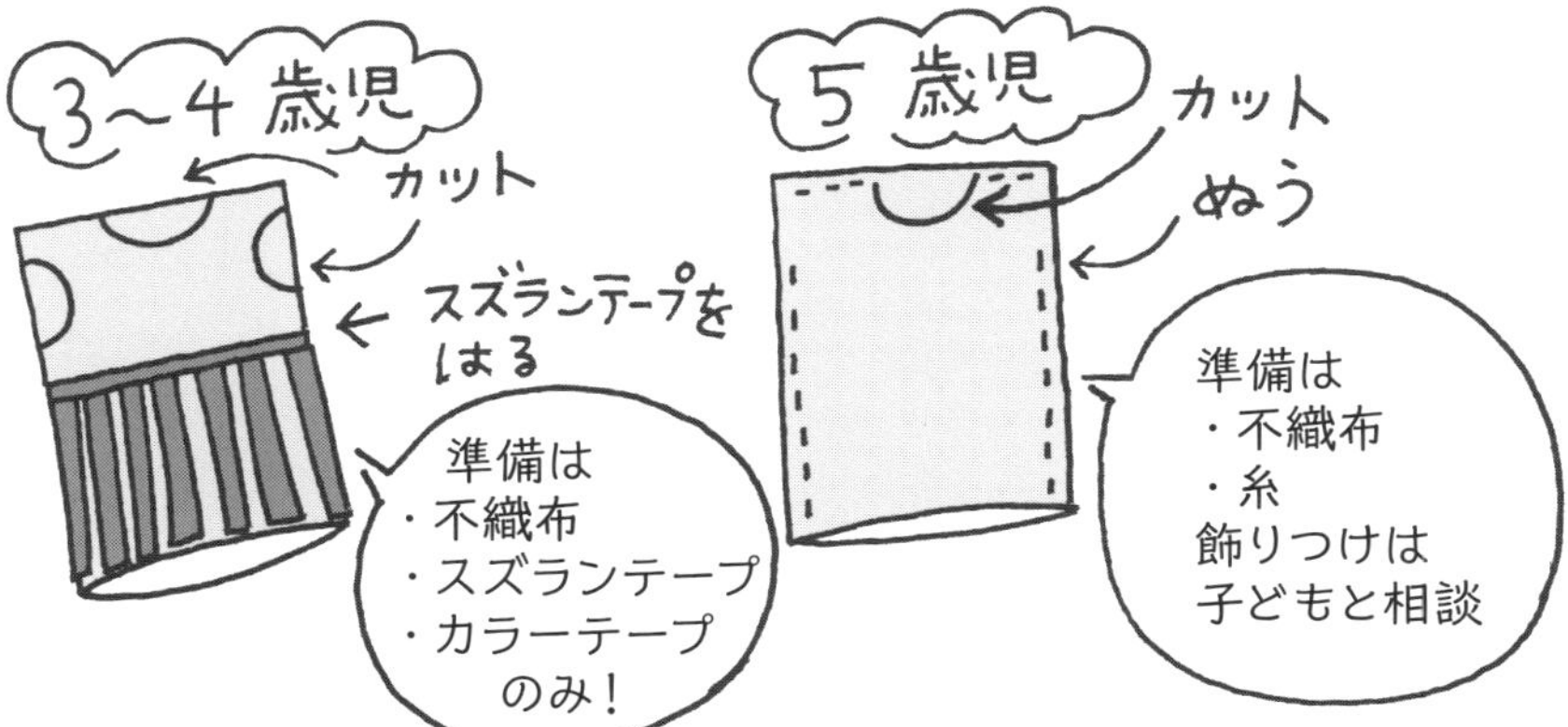

保育者は
発表会に向けて，
子どもたちの
やる気を盛り上げる
コーディネーター

鉄則 17

作品の展示には製作過程を添える

◆作品の横に、子どもの製作中の写真やつぶやきを貼って展示しましょう。

子どもの作品を見せる目的はなんでしょうか。保護者に成長を感じてもらうことです。

そこで、作品を展示する際には、作品の横に製作中の子どもの様子を写した写真や、子どものつぶやきを貼って展示しましょう。製作の過程がわかる展示の仕方は、見栄えがよく、また、保護者に子どもの様子がよく伝わります。

製作時の様子をよく観察し、子どもの発した言葉などをメモしておくと、展示のときに役立ちます。

製作過程の様子を見せる

plus《プラス》 one《ワン》

同じテーマの作品をきれいにずらりと並べて展示すると，製作物の優劣がはっきり見えてしまいます。ずらして貼るなど，展示を工夫しましょう。

鉄則 18

「片づけ・掃除チェック表」でやり残しを防ぐ

◆片づけや清掃すべき内容を細かく洗い出し、リストにします。
◆リストをチェックしながら、片づけや清掃を確認する習慣をつけましょう。

片づけや清掃を、短時間で、確実にやり終えるには、自分たちで行動を確認できるチェックリストを作ることが効果的です。

「これは片づけた」「次はあそこを掃除して」といきあたりばったりの確認は、やり忘れが生じる可能性が高くなります。おこなう作業を細かく洗い出し、リスト化すれば、し忘れを防ぐことができます。

片づけ・清掃項目の横に確認欄を設ければ、どこまで終わったかが一目でわかるため、スムーズに連携することができます。

掃除チェック表の例

チェック項目	5月	1	2	3	4	5	6	7	8	9	10	11	12	13	1						20
保育室入口 掃除・整頓	靴箱まわり	山	山				田中														
	洋服かけハンガー																				
	お知らせボードまわり																				
トイレ	便座	川田	川田				田中														
	洗面台																				
	床																				
	トイレットペーパー補充																				
	石けん補充																				
	手ふきペーパー補充																				
	おしりふき・手袋補充																				
手洗い	洗面台																				
	石けん補充																				
	手ふきペーパー補充																				
	鏡ふき																				
	マット交換																				
消毒	テーブル・いす	佐藤	佐藤				田中														
	おもちゃ																				
掃除機かけ	りす組	川田	川田				田中														
	うさぎ組																				
	ひつじ組																				

- 片づけ・清掃項目は細かく書きだす
- 確認欄を作成すると，どこまでできたかが一目でわかる

※お役立ちフォーマットあり（p92）

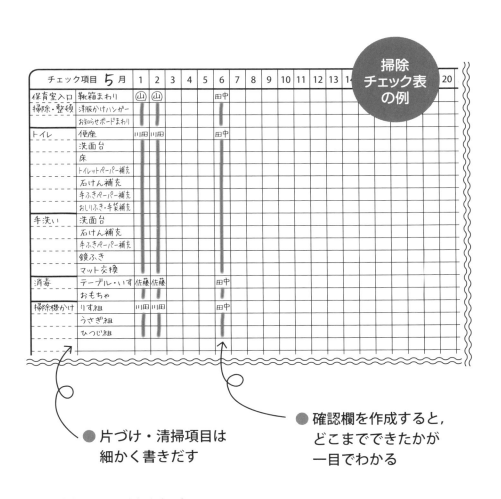

鉄則19

保育室づくりは同僚とのコミュニケーションから

◆おもちゃや教材の収納に悩んだら、一緒に保育をおこなう同僚と話し合う時間をもちましょう。

◆「子どもにとって」という視点で考えます。

保育室の収納環境づくりは、同じクラス担任、もしくは園全体で取り組みましょう。収納の課題やアイディアを出し合うことはそれぞれの考えを理解し、今後の共通理解をもちあえる機会になるからです。

まずは、収納で困っていることを出します。それぞれの思いが把握できれば、課題が整理され、着手すべき優先順位が明確になります。課題に対して、子ども目線で見た理想の保育と環境を話し合います。最後は、実現するための収納方法のアイディアを出し合い、実行します。

step 1　収納面の課題を出し合う

作りかけの
作品置き場が
あると
いいかな……

step 2　子ども目線でどのような収納が望ましいか検討する

step 3　実現のためのアイディア出し

plus《プラス》 one《ワン》

環境を一度にすべて変えようとするのは，時間や労力が非常にかかります。着手できる時間を見つけ，優先順位の高いものから進めるとよいでしょう。

鉄則 20

子どもが探しやすい教材棚を用意する

◆日頃の製作遊びの様子から、保育室に置く教材を見極めます。
◆教材棚には、探しやすいよう半透明の整理箱を利用するとよいでしょう。

子どもが自由に材料や道具を選んで使える環境は、主体的にものと出合う機会をつくります。欲しいものがあるたびに保育者に尋ねる必要がないため、遊びに集中して取り組むこともできます。保育者もあちらこちらから呼ばれることなく、援助を必要としている子にしっかりかかわれます。

教材を自由に選べる環境づくりは、教材棚を設置することから始めます。教材は子どもの遊び方を観察し、よく使用する教材は何か、子どもがどのように使っているかを把握して決めます。次に、探しやすさや取り出しやすさ、分類方法や置く場所を検討し、配置するとよいでしょう。

step 1　使用頻度に順位をつけ，高い順から子どもが取り出しやすい段に置く

step 2　形態や用途が似ているものは，ひとまとめにする

step 3　入れ物は中身がわかる半透明にし，大きさも統一感をもたせる

● ガムテープやスズランテープなどは「テープ類」，モールやストロー，わりばしなどは「棒類」など，形態が似ているものをひとまとめにする

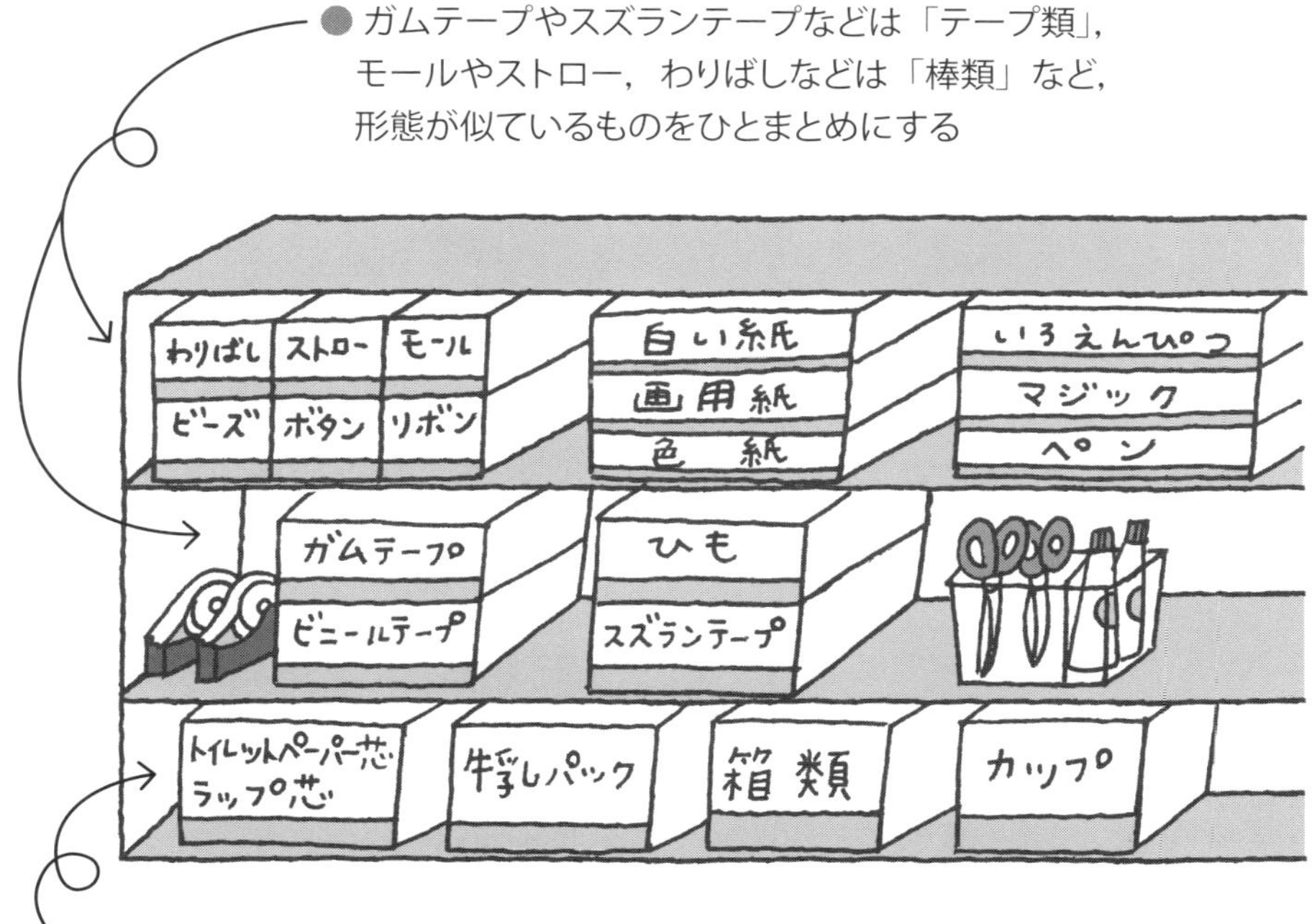
わりばし
ストロー
モール
ビーズ
ボタン
リボン
白い紙
画用紙
色紙
いろえんぴつ
マジック
ペン
ガムテープ
ビニールテープ
ひも
スズランテープ
トイレットペーパー芯
ラップ芯
牛乳パック
箱類
カップ

● 子どもがよく使用する牛乳パックや箱の廃材は子どもが取り出しやすい下の段へ

鉄則 21

子どもが片づけたくなる環境をつくる

◆片づけかごを、同じ大きさや色でそろえます。
◆片づけの手順を簡単にします。

まずは、おもちゃを入れるかごを同じ大きさや色でそろえます。ばらばらのかごは雑然とした印象を与え、部屋がきれいになった感じがしないものです。同色・同サイズのかごが並ぶ様子は、すっきりと片づいたことが一目瞭然です。子どもたちは片づけをした達成感を感じることができ、片づけの習慣づけにもつながるでしょう。

子どもたちが片づけやすくすることも大切です。「ぬいぐるみ」「積み木」など、おもちゃを分類し、それぞれをかごにまとめて入れます。手順を簡単にする工夫が、子どもたちの片づけ意欲を左右します。

おもちゃをかごに入れる

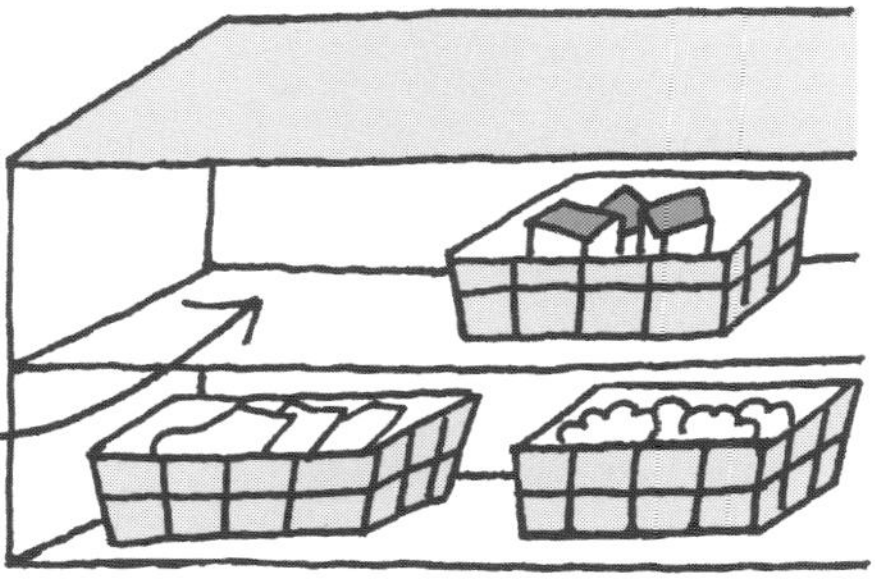

かごを棚に置く

保育の振り返り

～写真の一括印刷機能を活用する～

①日付をつけたフォルダを作成する

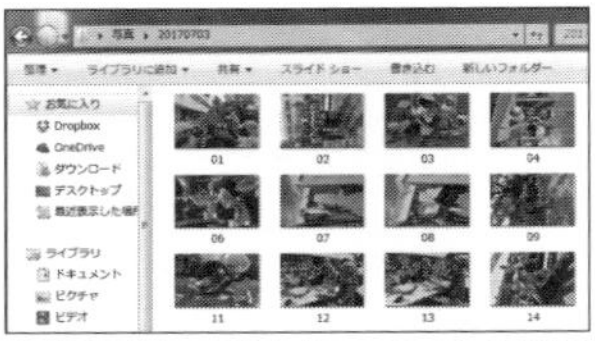

②記録として残したい 35 枚を選択し，①のフォルダに格納する。印刷したい順番に，ファイル名に 1 から数字をふる

③写真全てを選択し，タスクバーにある「印刷」をクリック

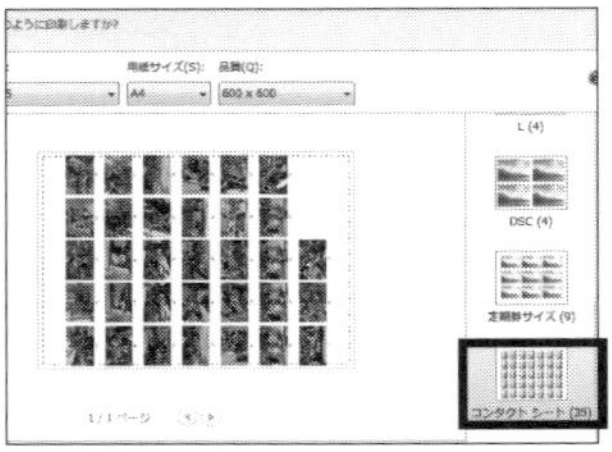

④「画像の印刷」が表示され、画面右側の一覧から，1 枚に 35 枚印刷するレイアウト（「コンタクトシート（35）」）を選択し，印刷する。

保育実践を記録するものとして，デジタルカメラの活用が増えています。写真はそのときの状況を思い出し，振り返りがしやすい反面，撮った写真の整理やまわりの保育者との共有に時間がかかるとの声もあります。

短時間で写真を整理し，共有する方法として，Windows の写真の一括印刷機能の活用がおすすめです。

撮った写真のなかから記録として残す，もしくはまわりに共有したい写真を選択し，それらをＡ４サイズの用紙 1 枚につき，35 分割に印刷できる機能を活用します。

その日の子どもの様子が 1 枚になることで，遊びの過程がよく見え，用紙の余白にコメントを書き込めば記録として残すことができます。

2章

短い時間で保育の質を高める鉄則 7

鉄則 22

1日15分、その日の保育を振り返る

◆今日の保育でうれしかったことや、困ったことを書く「マイノート」を作りましょう。
◆状況が目に浮かぶ描写を心がけて、記録します。

子どもの様子や自身の援助を振り返り、その後の保育に生かすには、記録を書くことでしかできません。その日の出来事を整理して、思いを書き表さなければ、「なんとなくうまくいった」「何かうまくできなかった」という漠然とした思いだけで終わってしまいます。

「マイノート」に、ただ状況を書くのではなく、子どもの表情やまわりの友だちの様子、保育者の言葉がけを時系列で振り返り、考察しながら書きます。そのときには気づかなかったことが、書くことで見えてきます。振り返りを積み重ねることで、子どもを見る目を養い、保育の質を高めることになります。

その日のどれかひとつの場面を選ぶ

はじめはうれしかった出来事を，慣れてきたら援助の仕方で悩んだことを書くとよいでしょう。

様子が目に浮かぶように具体的に書く

○○ちゃんが
お花を持ってきて
くれた。
○○ちゃんが
とことこって走ってきて，
「お庭で摘んだの」と
言ってお花をくれた。
「ありがとう」と言うと，
うふっと肩をすくめて
笑った。

スマートフォンのメモ機能を使ってもよいでしょう。

目に浮かぶような描写を心がけると，そのしぐさからも子どもの気持ちが読み取れます。

plus《プラス》 one《ワン》

書くことは，連絡帳やおたより，要録など子どもの様子を伝える文章作成のトレーニングにもなります。

鉄則 23

日常のすべてを保育に役立てる

◆保育に、どんなものでも取り入れ、生かすつもりで、生活を見つめてみましょう。
◆プライベートタイムでも、「これは保育に生かせそう!」とほんの少し保育を考える視点をもつようにします。

掃除や洗濯、料理などの家事、趣味の習い事までも保育活動に生かすことができます。掃除のときにほうきの使い方を教える、ままごとで包丁の使い方を教える、などです。

ほかにも、買い物のついでにおもちゃや赤ちゃん用品売り場へ足を伸ばし、情報収集するのもおすすめです。はやりのおもちゃをリサーチしたり、今どきのベビーカーや哺乳瓶などを把握することは、保護者とのかかわりにも役立ちます。

収集した情報は
ファイリングし，
保育に
役立てる

鉄則 24

アイディア探しはインターネットでも

◆保育のアイディア探しはインターネットが便利です。子どもに経験させたい「ねらい」を考えてから検索しましょう。
◆集めたアイディアはいつでもすぐに使えるように、印刷してストックします。

遊び、壁面製作の作り方、行事での出しものなど、ありとあらゆるアイディアがインターネット上に掲載されているので、手軽に集めることができます。

ただし、必ず子どもたちの今の興味や関心をふまえた「ねらい」をまずは考えましょう。例えば、「ゲーム　3歳児」のように検索すると情報量が多すぎます。「からだを動かす」「かかわり」など、ゲームを通して得たい「ねらい」もキーワードとして加えましょう。

また、インターネットで紹介されたとおりに遊ぶのではなく、クラスの子どもたちの状況に合わせたアレンジも必要です。

step 1　子どもの様子を思い浮かべ，
経験させたいことを考えます

step 2　検索「ゲーム　3歳児　からだを動かす」

step 3　クラスの子どもたちに合うように，
入手した遊びをアレンジする

鉄則25

アイディアをストックする環境を最初に用意する

◆アイディアの分類を検討し、分類ごとにクリアファイルを用意します。
◆資料は大きさをそろえてからファイルに入れます。

さまざまなところから得た保育のアイディアを、必要なときにすぐに見つけるには、日ごろからの整理が大切です。しかし、改めて整理をするのは面倒なため、手間や時間をかけずにストックできる環境を最初につくりましょう。

まず、アイディアをどのように分類してストックするかを検討し、それぞれのファイルを用意します。得たアイディアの資料は、園で活用することを考慮し、紙で保存します。切り抜いた資料は大きさがまちまちなので、Ａ４サイズ紙に貼るなど、大きさをそろえると探しやすいです。

あとはアイディアを見つけるたびに、ファイルにどんどん入れましょう。

郵便はがき

料金受取人払郵便

名古屋中局
承　　認

38

差出有効期間
平成31年
2月1日まで

460-8790

413

名古屋市中区
丸の内三丁目6番27号
（EBSビル8階）

黎明書房 行

購入申込書

●ご注文の書籍はお近くの書店よりお届けいたします。ご希望書店名をご記入の上ご投函ください。（直接小社へご注文の場合は代金引換にてお届けします。1500円未満のご注文の場合は送料530円，1500円以上2700円未満の場合は送料230円がかかります。〔税8%込〕）

（書名）　（定価）　円　（部数）

（書名）　（定価）　円　（部数）

ご氏名　TEL.

ご住所〒

ご指定書店名（必ずご記入ください。）	取次・番線印	この欄は書店または小社で記入します。
書店住所		

愛読者カード

—

後の出版企画の参考にいたしたく存じます。ご記入のうえご投函くださいますよう
願いいたします。新刊案内などをお送りいたします。

書名	

本書についてのご感想および出版をご希望される著者とテーマ

※上記のご意見を小社の宣伝物に掲載してもよろしいですか？
□ はい　□ 匿名ならよい　□ いいえ

小社のホームページをご覧になったことはありますか？　□ はい　□ いいえ

※ご記入いただいた個人情報は，ご注文いただいた書籍の配送，お支払い確認等の連絡および当社の刊行物のご案内をお送りするために利用し，その目的以外での利用はいたしません。

りがな
氏 名　　　　年齢　　歳
職 業　　　　（ 男 ・ 女 ）

）
住 所
話

購入の店名		ご購読の新聞・雑誌	新 聞（　） 雑 誌（　）

書ご購入の動機（番号を○で囲んでください。）
1. 新聞広告を見て（新聞名　）
2. 雑誌広告を見て（雑誌名　）　3. 書評を読んで
4. 人からすすめられて　5. 書店で内容を見て　6. 小社からの案内
7. その他（　）

ご協力ありがとうございました。

step 1 アイディアの分類方法を検討

例えば，「四季」で大きく分け，各季節をさらに「うた」「手あそび」「おはなし」「製作」のように分けます。

step 2 ファイルを用意

クリアファイルやファイルボックスを活用します。

step 3 資料は大きさを統一してファイリング

大きさが異なると探しづらいため，大きさをそろえてから，ファイルへ入れます。

plus《プラス》 one《ワン》

インターネットで得たアイディアは印刷し，紙の状態でストックするとよいでしょう。

鉄則 26

保育者同士で子どもの姿を語り合う

◆日ごろから、まわりの保育者と子どもの様子を話題にしましょう。改まって時間を取ることはありません。

◆自分にない見方や知恵を聞く気持ちでいましょう。

子どもの様子や言動のとらえ方、かかわり方は保育者によってさまざまです。だからこそ、それぞれの考え方ややり方を聞くことは、保育の幅を広げることにつながります。

改まって時間を取るというよりも、日々の会話のなかに子どもの話題を取り入れることがおすすめです。自分が感じた子どもの様子や、逆にその日あまりかかわれなかった子がどうしていたかを、聞いてもよいでしょう。普段の会話であれば、自分も相手も身構えることなく、気軽に話すことができます。

相手が話す内容を素直に受け止め、今後の保育の参考にしましょう。

子どもの
様子を
話題にする

会話に
子どものとらえ方や
保育のヒントがある

鉄則 27

自分だけのひそかな楽しみをもつ

◆まわりからの評価に一喜一憂せず、自分で保育の楽しみを見つけましょう。
◆自分の得意なことを保育活動に取り入れてみるのもひとつの方法です。

経験が浅いうちは、保育の楽しさを感じられる場面が少ないかもしれません。しかし、自分から仕事を楽しくしようと働きかけなければ、状況は変わりません。

それには、自分の得意なことを保育に取り入れるとよいでしょう。ダンスやヨガ、手品、さまざまなジャンルの音楽など、得意なことをわずかな時間でもよいので保育に取り入れます。

得意なことなら楽しい気持ちになれますし、子どもの喜ぶ姿を見るとうれしくなります。喜ぶ子どもの姿は次の保育を考えるきっかけにもなります。

子どもの
喜ぶ様子から，
次の保育の
アイディアが
見つかる

鉄則 28

多少の失敗には開き直ることも必要

◆うまくいかなかったときや、多少の失敗でも、「ま、いいか」と気持ちを切り替える心の強さをもちましょう。
◆次に、何に気をつければよいのか、ほかにどんな方法があったのかを考え、学びにつなげます。

子どもの気持ちを受け止め、それに応えるにはエネルギーが必要です。そのため、保育者は万全の精神状態でのぞみたいものです。援助がうまくできなかった、先輩保育者に叱られたなど、気持ちが落ち込むことはあっても、次の日にもち込んではいけません。

「今日もいろいろあったけど、子どもたちがけがなく過ごせたから、それでよし」と開き直ることも必要です。

「明日はゼロからのスタート！」と、気持ちを自ら切り替えることを意識し、毎日新たな気持ちでのぞみましょう。

気持ちを
切り替える
心の強さを
もつ

失敗から
学ぶ

ＩＣＴ（情報通信技術）を活用するメリット

経験が浅いうちは，指導計画や書類作成など何をするにも時間がかかります。これらの事務的業務を軽減しようと，近年ＩＣＴ※を園に導入する動きが加速しています。

ＩＣＴにより，保護者への情報発信，連絡帳や子どもの成長の記録の家庭との共有，保育の計画や日誌などの記録作成，役所への申請業務など，効率化が図られるようになりました。

ひとつの情報をいくつもの書類に転記した子どもの生活や成長記録などは，ＩＣＴにより一度の入力で複数の書類へ転記されます。導入して効果をすぐに実感できる業務も多いでしょう。

例えば指導計画のソフトは，日誌や発達経過記録，年間計画，月案，週案，日案が連携されているので，それぞれを照らし合わせて作成することができます。それによってより一貫性のある指導案が作成できます。

また，参考文例集が用意されており，それらを活用し土台となる計画のたたき台を作ったうえで，クラスの子どもの様子などを考慮し適宜修正すれば，オリジナルの計画になります。

ＩＣＴにより，計画を「考える」時間を存分にとることができるでしょう。

※ ICT：Information and Communication Technology ―「情報とコミュニケーションの技術」の意味。コミュニケーション性を強調し，情報技術（IT）による情報や知識の共有を念頭においた表現。

3章

身近な保育者を味方にする鉄則10

鉄則 29

自分から話しかける

◆まずは、自分から笑顔で話しかけましょう。
話題に困ったときは、天気の話から。
◆保育者同士が、助け合える関係づくりをしましょう。

保育はひとりでおこなうものではありません。朝番の先生から引き継いだり、フリーの先生と活動したり、行事の準備など、まわりの保育者と共同で保育をおこなう場面は多いものです。

円滑に進めるためには、よい人間関係を築くこと。関係づくりのスタートは自分から話しかけることです。話しかけることは、まわりと打ち解けたいという思いの現れです。この思いを感じてもらえれば、まわりの人も一緒に仲よくやっていこうと思うものです。

話しかけられるのを待っていてはいけません。

自分から
話しかける

笑顔で

おはようございます～
おはよう
ございます
今日も
暑いですね

世間話もしましょう

必要な要件だけを話すことがコミュニケーションではありません。天気のこと，子どもの様子や最近話題の絵本など，どんなことでも話すきっかけになります。

plus《プラス》 one《ワン》　経験の浅い保育者はまわりに助けてもらえる環境（人間関係）づくりがなによりも大切。わからないことや困っていることは自分から発信しなければ，気づいてもらえません。積極的に話しかけましょう。

鉄則30

主張は目的を明確にする

◆「子どものための意見」ということが伝わる話し方を、意識しましょう。

園で決められたルールなどを改善したいとき、「○○を~のように変えたい」と言うだけでは、受け入れられません。〝私は○○を変えたい〟と個人的な主張をしていると受け取られるからです。

子どものために保育を変えようとするなら、最初に意見の目的を明確に伝えます。「子どもたちが~となるために（何のためか目的を明確に伝える）、~のように変えたいのです。なぜなら、~（客観的事実）だからです。」と、子どものための意見であることがわかるように話します。なぜそうしたいか客観的な事実も併せると、より説得力が高まります。

plus《プラス》 one《ワン》

保護者に要望を伝えたいときにも応用できます。子どもの困っていることを，なんとかしたいと伝えたうえでの要望であれば，保護者も受け入れやすいでしょう。

鉄則 31

「ホウレンソウ」を身につける

◆保育でも報告・連絡・相談＝「ホウレンソウ」を大切にします。
◆「すぐに」「ささいなことでも」「相手に聞こえる声で」伝える習慣をつけましょう。

保育における連携にも「ホウレンソウ」が欠かせません。怠ると、ほかの保育者の仕事に影響がでたり、保育に差し障りがでます。「言った言わない」のトラブルになる可能性もあり、人間関係を悪化させることもあるでしょう。

ホウレンソウの基本は「すぐに」「ささいなことでも」伝えることです。

そして、相手に聞こえる声ではっきりと伝えましょう。「言った」と「伝わった」は違います。相手の「わかりました」という応答を待ち、伝わったことを確認します。

ホウレンソウの基本4か条

1. すぐに報告・連絡・相談をする
2. ささいなことでも，まわりに伝える
3. 相手に聞こえるように はっきりとした声で
4. 「いつ・だれが・どこで・何をした」を漏らさないことを意識する

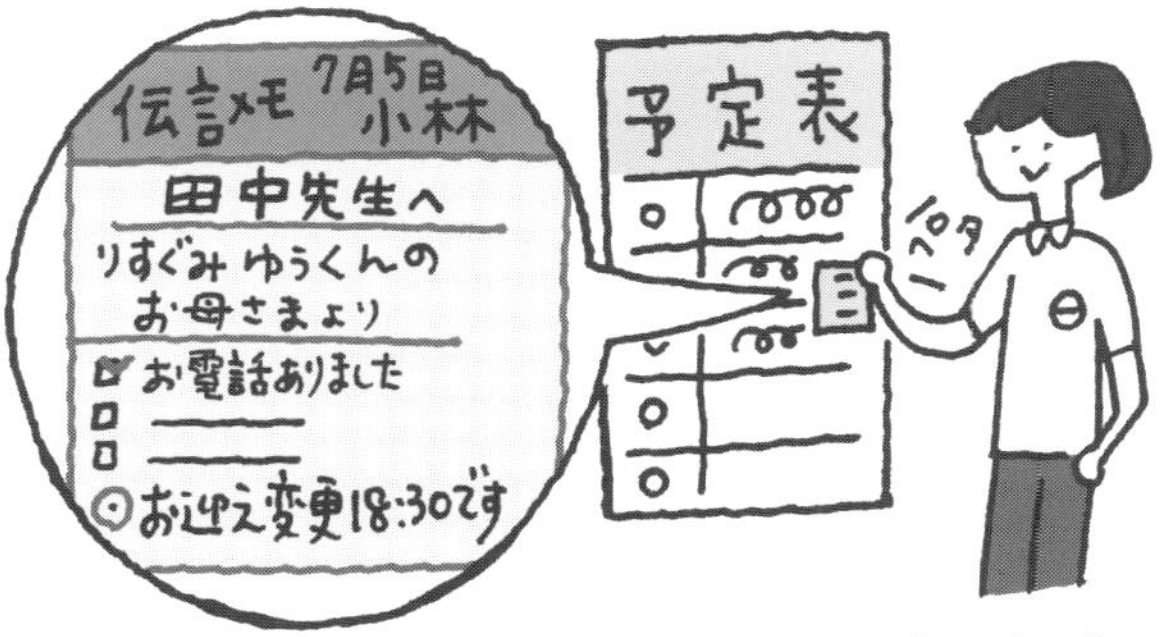

※お役立ちフォーマットあり（p94）

plus《プラス》 one《ワン》

伝えたい相手が不在のときは付箋やメモに書いて，目立つ場所に置きます。まわりの保育者にも声をかけるなどして情報を共有すると，伝言したい相手に早く伝わります。

鉄則32

聞く勇気をもつ

◆気になることがあれば、すぐに「ホウレンソウ」。
◆勝手に判断せず、気になったら聞いて確認することです。

「これはどうしたらいいんだろう」「なんでこうなっているんだろう」など、仕事を進める途中に疑問をもつことがあるでしょう。忙しそうだから聞きにくい、聞くのが恥ずかしいと思ったとしても、あいまいに終わらせてはいけません。必ず、まわりの人に確認しましょう。

「お忙しいところすみません。◯◯について教えてください」と言われて、いやな顔をする人はいないでしょう。

気になったことを勝手な判断で進めることは、自分自身の成長につながらないだけではなく、のちに大きな問題に発展することもあります。

plus《プラス》 one《ワン》

与えられた仕事をただこなすのではなく，「なぜ？」「どうして？」と考えながら進めるくせをつけましょう。

鉄則 33

苦手な人にこそ笑顔で接する

◆笑顔は相手に好印象をもたれる最強の手段です。
◆相手に近づき、よいところを見つける努力をしましょう。

厳しい指導の先輩に苦手意識をもつと、接するたびに何か言われるのではと身構えたり、視線を合わせられなかったりと、態度に出てしまいます。それは相手にも伝わり、関係が余計悪化することもあります。

対策は笑顔で接すること。こちらが笑顔を見せれば、相手の態度も変わってくるでしょう。

また、相手のよいところを見つけ、好きになる努力をしましょう。「ピアノが上手だな」「子どもに対して素敵な笑顔を向けているな」など、見ているうちに、人となりが見えるようになり、相手を受け入れやすくなります。

相手の
よいところを
見つける

笑顔で
話しかける

plus《プラス》 one《ワン》

苦手な人に相談するのもおすすめです。コミュニケーションを深めることで，相手の考え方を理解できるようになります。

鉄則 34

理由を話すのはあとにする

◆注意を受けたときは、まず、「申し訳ございません」と返し、受け止めます。

「申し訳ございません」には、相手の不快な思いをやわらげる力があります。ですから、注意を受けたときは、まっ先に謝罪の言葉を伝えます。たとえ事情があったとしても、また、相手の勘違いによるものであったとしてもです。

謝罪の言葉より先に事情を話すと、言い訳としか受けとられず、ますます相手は不快になるでしょう。

また、注意を受けた内容に対しては、「これはこうするんですね。教えていただき、ありがとうございます」と、理解した内容を示しましょう。

まっ先に
謝罪の言葉を
伝える

鉄則 35

叱られたあとほど笑顔で対応する

◆叱ってくれるのは、あなたを育てようとしている証拠です。「叱ってくれてありがたい」と思いましょう。
◆叱られたあとは、気まずさを残さないように、自分から笑顔で話しかけます。

叱られることは、自分の非を指摘されることなので、気持ちが落ち込みます。しかし、職場で叱られるということは、あなたによい保育者になってほしいとの思いがあるからこそなのです。素直に受け止めましょう。

叱られたあとは、「ご指摘ありがとうございました」のひと言でよいので、自分から話しかけることを心がけます。叱ることは相手も気分が悪いものです。自分から働きかけ、平常の関係を早く取り戻しましょう。

「ご指摘ありがとう
ございました」
と自分から
話しかける

「叱ってくれて
ありがたい」
と思う

plus《プラス》 one《ワン》

叱られたときに，「私は保育者に向いていない」など必要以上に深刻にならないようにしましょう。指摘された事項だけに限定して，改善策を考えるようにします。

鉄則36

会話から「重視ポイント」を探る

◆相手の口ぐせをつかむと、重視するポイントが見えてきます。
◆ポイントを理解し、要求に応えるように心がけましょう。

仕事を進めるうえで重視することは人によってさまざま。仕事を頼まれた相手の重視する点を理解し、そのポイントに応えられれば、合格ラインをクリアしたと認められるでしょう。

ポイントは話している内容のなかの次の4つのキーワード、「言う」「聞く」「見える」「考える」に注目すること。よく使うキーワードがその人の重視する事柄です。「保護者から言われた」「園長先生に言われた」など、「言う」をよく発する人は〝まわりからの声〟に着目しています。ポイントを意識して仕事を進めれば、相手の意に沿った成果を出すことができます。

口ぐせ

言う	聞く	見える	考える
「園長先生がそう**言って**たよ」「○○ちゃんのお母さんが△△と**言って**たよ」	「○○クラスの保護者からこういう意見が**聞かれます**」	「保育者の格好も**見られて**いるのよ」「きれいに飾り付けるのよ，**見た**目も大事だから」	「あなたはどう**考えて**いるの?」「○○先生はこんなふうに**考えて**いたんだね」

▼

タイプ

まわりの声に重きをおくタイプ	見た目に重きをおくタイプ	プロセスに重きをおくタイプ

▼

相手に合わせた対応のポイント

・キーパーソンになる人が言っていたことにすぐに対応する ・よくある問い合わせや意見などを想定し，対応する策を予め検討するとなおよい	・整理整頓，清潔さを心がける	・自分の考えを説明できるように準備する

鉄則
37

鈍感力を身につける

◆何か言われてもいちいち傷つかない図太い神経を養いましょう。
◆指摘されたときは、内容そのものだけを受け止め、改善する一歩を踏み出しましょう。

保育は子どもの様子や状況に応じるため、昨日はほめられた対応が今日はダメだしされるということもあります。何か指摘されるたびに、自分はダメだと傷ついたり、落ち込んでいたら、ストレスを抱え続けます。

指摘は謙虚に受け止めつつも、内容そのものだけに焦点をあてましょう。何がいけなかったのかを考え、今後の教訓として生かします。指摘されたこと自体は敏感に受け止めず、むしろ鈍感さを身にまとい、へこたれないようにしましょう。

鈍感力を身につけることが保育者を続けるコツのひとつです。

指摘内容は
何がいけなかった
のかを考え，
今後に生かす
電話の対応は
もっと丁寧に!!
教訓
注意
指摘された
こと自体には
鈍感になる

plus《プラス》 one《ワン》

相手がどうしてほしいかには，敏感に気づくようにしましょう。まわりへの配慮に鈍感になってはいけません。

鉄則 38

師と思える先輩を見つける

◆「大丈夫」と励ましてくれる先輩を見つけましょう。
◆待ってないで、質問したりアドバイスを求めるなど、自分からアプローチします。

経験が浅いときは、保育の仕方に迷ったり悩んだりすることも多いでしょう。日ごろ相談をする先輩のなかに、ときには厳しい指導をすることがあっても、最後にあなたを励ましてくれる方は、いませんか。

人には「認められる」機会が必要です。劣等感ばかりを感じていると、前に進めません。

仕事への頑張りを認めてくれる先輩がいると、たとえ仕事で落ち込んだとしても、気持ちを強くもつことができ、次の意欲につながります。

認められる
機会も必要

鉄則1のスケジュール表

スケジュール表の使い方

Ａ４サイズ（約140％）に拡大コピーし，仕事専用のスケジュール表としてお使いください。

記入例）

年・月を書き込みます。

日を書き込みます。

1日マスは上・下に分かれています。予定を上：行事関連，下：保育活動に関することや毎月の決まった業務など，分類して書きます。

2017 年 7 月

- [ ] 夏祭り飾り 12日まで
- [ ] お誕生日メッセージ19日まで
- [ ] クラスだより21日→チェックしてもらう
- [ ] クッキングレシピ相談7/5 →アイデア3つ考える
- [ ]
- [ ]
- [ ]
- [ ]
- [ ]
- [ ]
- [ ]
- [ ]
- [ ]
- [ ]
- [ ]
- [ ]

月	火	水	木	金	土	日
					1	2
3 プール開き 夏祭り参加者確認	4	5 ゆうちゃん誕生日	6	7 歯科検診	8	9
10	11 夏祭りバザー〆	12 読み聞かせ会	13	14 ★クッキングエプロン確認 →用意ないときは保護者に伝える	15 夏祭り	16
17 海の日休み	18 プール	19 避難訓練 クッキング	20 プール シフト希望提出〆	21 お誕生日会	22 土曜勤務	23
24	25 プール	26 休み クラスだより原稿〆	27 プール	28 夏祭りアンケート回収 すいか割り	29	30
31		MEMO				

ＴｏＤｏリスト
スケジュールを見て，「何を・いつまでに」を整理し，書き込みます。

フリースペースとして自由に使います。

年　月	月	火	水	木	金	土	日
□							
□							
□							
□							
□							
□			MEMO				

□
□
□
□
□
□
□
□
□
□
□
□
□
□
□
□

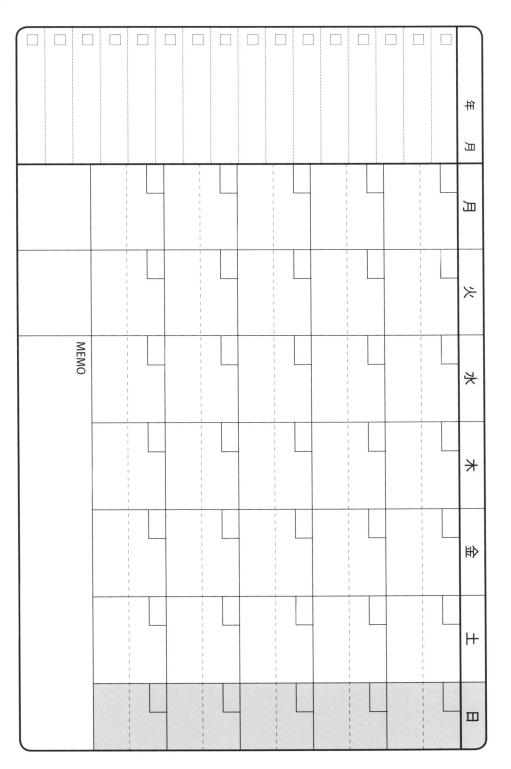

鉄則

9のマイメモ

マイメモの使い方

Ａ４サイズ（約140%）に拡大コピーし，子どもの様子を記録する「マイメモ」としてお使いください。

記入例）

子どもの名前を記入します。

月，日を書き込みます。

その日の気づいたことを書き留めます。

名前	6／12（月）	6／13（火）	6／14（水）	6／15（木）	6／16（金）	
こうたくん	48ピースのパズルに挑戦するも、途中で投げ出す	音楽も体を動かすことも大好き。リトミックに楽しく取り組む。				
さくらちゃん	週末の出来事を楽しそうに話す。お話しするのが上手になった。	ままごとでクマを背負ってママ役。				
たいきくん	風邪でお休み	鼻水がひどく、今日は思うように活動できず、辛そう。				
ななみちゃん	公園のすみで石拾いに夢中	リトミックは好きではないよう。すみの方で座っていた。				
はるとくん	週明けは泣いて登園していたが、今日は笑顔で登園	リトミックで走ることに夢中になり、ぐるぐる走ってばかりいた。				
ゆうかちゃん	朝の集まりに行くのをいやがる	ななみちゃんとおもちゃの取り合い。感情が止まらず手が出る。				
（参考）クラスの主な活動	中央公園へ散歩	室内でリトミック活動				
自由記述						

マイメモを見返し，子どもの成長や課題点，今後の援助などをどんどん書きましょう。

土曜保育の記録や一週間を通しての子ども一人ひとりの振り返りなど，自由に使いましょう。

名前	／　（月）	／　（火）	／　（水）	／　（木）	／　（金）	
（参考）クラスの主な活動						

自由記述

鉄則18の片づけ・掃除チェック表

片づけ・掃除チェック表の使い方

Ａ４サイズ（約 140％）に拡大コピーし，片づけや掃除のチェックリストとしてお使いください。

記入例）

月を書きます。

おそうじ　チェック表

チェック項目	5月	1	2	3	4	5	6	7	8	9	10	11	12	13	14	15	16	17	18	19	20
保育室入口	靴箱まわり	㊤	㊤				田中														
掃除・整頓	洋服かけハンガー																				
	お知らせボードまわり																				
トイレ	便座	川田	川田				田中														
	洗面台																				
	床																				
	トイレットペーパー補充																				
	石けん補充																				
	手ふきペーパー補充																				
	おしりふき・手袋補充																				
手洗い	洗面台																				
	石けん補充																				
	手ふきペーパー補充																				
	鏡ふき																				
	マット交換																				
消毒	テーブル・いす	佐藤	佐藤				田中														
	おもちゃ																				
掃除機かけ	りす組	川田	川田				田中														
	うさぎ組																				
	ひつじ組																				

やり終えた箇所をその日の担当者がチェックします。
どこまで終わったかがひと目でわかります。

片づけや清掃すべき内容を記入します。

チェック表

チェック項目	月	1	2	3	4	5	6	7	8	9	10	11	12	13	14	15	16	17	18	19	20	21	22	23	24	25	26	27	28	29	30	31

鉄則

31の伝言メモ

伝言メモの使い方

保育現場で多い伝言内容があらかじめフォーマットに入っています。
このメモを使えば，抜け漏れのない伝言をすぐに残せます。

伝言したい相手がすぐそばにいない場合は伝言メモに書いて渡しましょう。

記入例）

受け入れやお迎えが集中する時間帯は口頭では伝えにくいものです。伝言された相手も目の前のことに手いっぱいで内容を忘れることもあるかもしれません。このようなときは，メモに書いて渡すと親切でしょう。

伝言メモ

7 月 5 日（水）
17：00
受付：小林

田中 先生へ

りすぐみ ゆうくん の お母さま より

お電話ありました

□折り返しお電話をいただきたい
TEL（　　　　　）
□またお電話します　：　ごろ
☑ご用件は以下の通りです
・休み（理由：　　　　）
・遅れる（　：　登園予定）
⊙お迎えの変更（→18：30です　）
・その他（　　　　）

伝言内容にチェックします。

変更になった時間やお迎えにくる人を書きます。

伝言メモ

月　日（　）
：
受付：

先生へ

の　より

お電話ありました

□折り返しお電話をいただきたい
TEL（　）
□またお電話します　：　ごろ
□ご用件は以下の通りです
・休み（理由：　）
・遅れる（　：　登園予定）
・お迎えの変更（　）
・その他（　）

伝言メモ

月　日（　）
：
受付：

先生へ

の　より

お電話ありました

□折り返しお電話をいただきたい
TEL（　）
□またお電話します　：　ごろ
□ご用件は以下の通りです
・休み（理由：　）
・遅れる（　：　登園予定）
・お迎えの変更（　）
・その他（　）

編著者紹介

株式会社　こんぺいとぷらねっと

保育現場をもちながら企画編集する会社「グループこんぺいと」時代から 30 年以上に渡り，保育者向け実務書や子育て関連書籍の企画・執筆・編集をおこなう。手がけた保育者向け書籍は 50 冊以上。

取材協力　横山洋子（千葉経済大学短期大学部こども学科教授）
内海弘美（久喜市小規模認可保育園「たんぽぽ保育園」園長）
川辺尚子（株式会社保育のデザイン研究所　研究員）
長島真理子（一般社団法人くっくるこんぺいと代表理事）

写真提供　p49 『エデュカーレ』2016 年 11 月号（撮影　宮原洋一）

イラスト　宿谷フミコ

装丁・デザイン　ベラビスタスタジオ

忙《いそが》しい保育者《ほいくしゃ》のための仕事術《しごとじゅつ》・時間術《じかんじゅつ》38 の鉄則《てっそく》

2017 年 9 月 25 日　初版発行　編著者　こんぺいとぷらねっと
発行者　武　馬　久仁裕
印　刷　株式会社　太洋社
製　本　株式会社　太洋社

発行所　株式会社　黎《れい》明《めい》書《しょ》房《ぼう》

〒460-0002　名古屋市中区丸の内 3-6-27　EBS ビル　☎ 052-962-3045
FAX 052-951-9065　振替・00880-1-59001
〒101-0047　東京連絡所・千代田区内神田 1-4-9　松苗ビル 4 階
☎ 03-3268-3470

落丁本・乱丁本はお取替します。　ISBN978-4-654-06099-3